CATALOGUE
DES PLANCHES

En Acier et Cuivre aciéré

GRAVÉES AU BURIN ET A LA MANIÈRE NOIRE

GRAVURES EN FEUILLES ET EN NOMBRE

Dépendant de la Faillite de M. A. DELARUE Fils

ÉDITEUR D'ESTAMPES ET IMPRIMEUR

DONT LA VENTE AURA LIEU

AVEC LE DROIT DE REPRODUCTION

HOTEL DES VENTES MOBILIERES

RUE DROUOT, 9, SALLE N° 6

Les Jeudi 19, Vendredi 20, Samedi 21 et Lundi 23 Mai 1892

A DEUX HEURES DE RELEVÉE

———◦◦◦———

Par le ministère de **Mᵉ MOTEL**, Commissaire-Priseur, rue Rossini, 3

Chez lequel se trouve le Catalogue.

———◦◦◦———

EXPOSITION PUBLIQUE POUR LES PLANCHES

Le Mercredi 18 Mai 1892, chez M. WITTMANN, rue de l'Abbaye, n° 10

DE DEUX HEURES A CINQ HEURES

———

PARIS — 1892

CONDITIONS DE LA VENTE

Elle sera faite expressément au comptant, plus CINQ CENTIMES PAR FRANC en sus du prix de chaque adjudication, applicables aux frais de vente.

L'Exposition publique ayant mis les Acquéreurs à même de se rendre compte de l'état des Planches, il ne sera admis aucune réclamation après l'adjudication.

ORDRE DES VACATIONS

Le Jeudi 19 Mai : les Planches gravées.

Le Vendredi 20 Mai : les Gravures en nombre.

Le Samedi 21 et, *s'il y a lieu*, **le Lundi 23 :** les Lithographies.

Le Lundi 23 Mai : les Gravures encadrées.

A. Maulde et Cie, imprimeurs de la Compagnie des Commissaires-Priseurs,
rue de Rivoli, 144. 400—24071

CATALOGUE

DES

PLANCHES EN ACIER ET CUIVRE ACIÉRÉ

Gravées au burin et à la manière noire

GRAVURES AU BURIN

NUMÉROS	TITRES	PEINTRES	GRAVEURS	DIMENSIONS HAUTEUR	DIMENSIONS LARGEUR	MÉTAL
1	*A*. Un Mariage...................... Epreuves de remarque........ 19 Epreuves d'artiste............, 15 Epreuves avec lettre sur Chine 6	Em. Bayard..	A. Lamotte...	58	80	Cuivre aciéré.
	B. Un Baptême .... Epreuves de remarque....... 25 Epreuves d'Artiste............ 15 Epreuves avec lettre sur Chine 3	id........	id........	58	80	id.
2	Le Lion amoureux.................... Epreuves de remarque sur Parchemin.................... 31 Epreuves de remarque sur Japon.................... 44 Epreuves d'Artiste sur Chine. 63 Epreuves avant lettre sur Chine 68 Epreuves avec lettre sur Chine 3	Ad. Weisz....	id........	47	31	id.
3	L'Assomption...................... Epreuves de remarque sur Chine.................... 42 Epreuves d'Artiste sur Chine. 168 Epreuves avant lettre sur Chine 45 Epreuves avec lettre sur Chine 35	Murillo.......	id........	51	36	id.
4	Souvenirs .... Epreuves d'Artiste sur Chine. 40 Epreuves avec lettre sur Chine 6	Ch. Chaplin..	id........	48	27	id.
5	La Source......................... Epreuves avant lettre sur Chine 4 Epreuves avec lettre sur Chine 3 Epreuves avec lettre sur blanc 12	E. Munier....	id........	35	17	id.

NUMÉROS	TITRES	PEINTRES	GRAVEURS	HAUTEUR	LARGEUR	MÉTAL
	GRAVURES AU BURIN (SUITE)					
6	*A*. Un Marché	Em. Bayard..	A. Lamotte...	44	32	Cuivre aciéré.
	Épreuves d'Artiste sur Chine. 34					
	Épreuves avec lettre sur Chine 0					
	B. Une Guinguette	id.......	id........	44	32	id.
	Épreuves d'Artiste sur Chine. 29					
	Épreuves avec lettre sur Chine 4					
7	*A*. Un Jour de bonheur	T. Lobrichon.	id........	44	26	id.
	Épreuves d'Artiste sur Chine. 17					
	Épreuves avec lettre sur Chine 10					
	Épreuves avec lettre sur blanc. 25					
	B. Péché d'enfance	id.......	id........	44	26	id.
	Épreuves d'Artiste sur Chine. 16					
	Épreuves avec lettre sur Chine 24					
	Épreuves avec lettre sur blanc. 36					
8	*A*. Soins maternels	id.......	id........	36	22	id.
	Épreuves avant lettre sur Chine 33					
	Épreuves avec lettre sur Chine 66					
	Épreuves avec lettre sur blanc 2					
	B. Petite curieuse	id.......	id........	36	22	id.
	Épreuves avant lettre sur Chine					
	Épreuves avec lettre sur Chine					
	Épreuves avec lettre sur blanc					
9	Napoléon et son fils	Stenben......	Weber........	35	28	Acier.
	Épreuves avec lettre sur Chine 3					
	Épreuves avec lettre sur blanc 8					

GRAVURES MANIÈRE NOIRE

NUMÉROS	TITRES	PEINTRES	GRAVEURS	HAUTEUR	LARGEUR	MÉTAL
10	Charles-Quint et la duchesse d'Etampes	P.-C. Comte..	Gautier.......	66	96	Acier.
	Épreuves avec lettre sur Blanc 28					
11	Henri III et duc de Guise	id.......	id........	58	87	id.
	Épreuves avant lettre sur Chine 3'					
	Épreuves avant lettre sur blanc 21					
	Épreuves avec lettre sur Chine 4					
12	Rubens peignant la femme dite au Chapeau de paille	N. de Keyser.	Cornilliet.....	65	97	id.
	Épreuves avant lettre sur blanc 18					
	Épreuves avec lettre sur blanc 2					

NUMÉROS	TITRES	PEINTRES	GRAVEURS	DIMENSIONS		MÉTAL
				HAUTEUR	LARGEUR	

GRAVURES MANIÈRE NOIRE (SUITE)

NUMÉROS	TITRES	PEINTRES	GRAVEURS	HAUTEUR	LARGEUR	MÉTAL
13	Van Dyck quitte Rubens pour se rendre en Italie......................	N. de Keyser.	Cornilliet.....	65	97	Acier.
	Épreuves avant lettre sur blanc 27					
	Épreuves avec lettre sur blanc 4					
14	Réunion d'artistes chez Paul Véronèse.	Hammann....	Gautier.......	65	96	id.
	Épreuves avant lettre sur Chine 2					
	Épreuves avec lettre sur blanc 8					
15	Visite à l'atelier de Murillo...........	id.......	id........	65	96	id.
	Épreuves avant lettre sur Chine 8					
	Épreuves avec lettre sur blanc 2					
16	François Ier visitant l'atelier de Benvenuto Cellini..................	P.-C. Comte..	Rollet........	65	97	id.
	Épreuves avec lettre sur blanc 3					
17	Henri III visitant sa ménagerie de singes et de perroquets...............	id.......	id........	65	97	id.
18	A. Les Bourgeois de Calais (1347).....	H. Schopin...	P. Allais......	51	82	id.
	Épreuves avec lettre sur blanc. 2					
	B. Jeanne d'Arc au sacre de Charles VII (1429).......................	id........	id........	51	82	id.
	Épreuves avec lettre sur blanc. 5					
19	A. Paradis de Mahomet.............	id.......	Jazet........	58	96	id.
	Épreuves avant lettre sur blanc 2					
	B. L'Age d'or.....................	id.......	id........	58	96	id.
	Épreuves avec lettre sur blanc. 5					
20	A. Le Bûcher de Sardanapale........	id.......	id........	58	90	id.
	Épreuves avec lettre sur blanc 6					
	B. La Destruction de Pompéi........	id.......	id........	58	90	id.
	Épreuves avant lettre sur blanc. 1					
	Épreuves avec lettre sur blanc. 8					
	C. Esther implorant Assuérus........	id.......	id........	58	90	id.
	Épreuves avant lettre sur blanc 1					
	D. Entrevue d'Antoine et de Cléopâtre	id.......	id........	58	90	id.
	Épreuves avec lettre sur blanc. 2					
21	A. Calypso et Télémaque............	id.......	Rollet........	58	90	id.
	Épreuves avec lettre sur blanc. 3					
	B. Eucharis et Télémaque...........	id.......	id........	58	90	id.
	Épreuves avec lettre sur blanc. 22					
22	Galilée à Florence	Gosse	Jazet.........	65	85	id.

GRAVURES MANIÈRE NOIRE (SUITE)

NUMÉROS	TITRES	PEINTRES	GRAVEURS	HAUTEUR	LARGEUR	MÉTAL
23	Les Vacances.................... Épreuves avec lettre sur blanc. 11	Trayer........	Annedouche..	60	80	Acier.
24	Songe d'un chef Arabe.............. Épreuves avec lettre sur blanc. 3	H. Schopin...	Cornillet......	60	82	id.
25	A. Présentation de la Mariée........ Épreuves avec lettre sur Chine 16 Épreuves avec lettre sur blanc. 1	De Boucherville	J. Ballin......	57	80	id.
	B. Les Cadeaux de la Marraine....... Épreuves avec lettre sur Chine 3 Épreuves avec lettre sur blanc. 14	id........	id.......	57	80	id.
26	A. Florence au xve siècle............ Épreuves avec lettre sur blanc. 60	A. Gendron...	Rollet........	56	80	id.
	B. Venise..................... Épreuves avec lettre sur blanc. 1	id........	id.......	56	80	id.
27	Mazeppa aux chevaux............... Épreuves avec lettre sur blanc. 17	H. Vernet....	Jazet........	56	77	id.
28	A. Rubens peignant (Réduction)....... Épreuves avec lettre sur blanc. 7	De Keyser....	Lemoine......	50	70	id.
	B. Van Dyck quitte Rubens (Réduction) Épreuves avec lettre sur blanc. 4	id........	id.......	50	70	id.
29	A. Réunion d'artistes (Réduction)..... Épreuves avec lettre sur blanc. 11	Hammann....	Gautier.......	50	70	id.
	B. Visite à l'atelier de Murillo (Réduction)..................... Épreuves avec lettre sur blanc. 9	id........	id.......	50	70	id.
30	A. Napoléon à Somo Sierra (Espagne 1808)..................... Épreuves avec lettre sur blanc 6	H. Bellangé...	Rollet........	55	72	id.
	B. Napoléon à Wagram (Autriche 1809) Épreuves avec lettre sur blanc. 4	id........	id........	55	72	id.
31	A. Le Bonheur de la famille..........	Hunin........	Cornillet......	50	68	id.
	B. L'Explication de la Bible.......... Épreuves avec lettre sur blanc. 14	id........	id........	50	68	id.
32	A. La Demande en Mariage.......... Épreuves avant lettre sur Chine 5 Épreuves avec lettre sur Chine 14 Épreuves avec lettre sur blanc. 3	H. Merle.....	Cottin........	50	68	id.
	B. La Visite des grands parents...... Épreuves avant lettre sur Chine 5 Épreuves avec lettre sur Chine. 15 Épreuves avec lettre sur blanc. 32	id........	Annedouche..	50	68	id.

NUMÉROS	TITRES	PEINTRES	GRAVEURS	HAUTEUR	LARGEUR	MÉTAL
	GRAVURES MANIÈRE NOIRE (suite)					
33	*A.* La Fête du Grand-Père............ Épreuves avec lettre sur blanc. 3	J. Désandré...	J. Ballin......	50	68	Acier.
	B. La Promenade de l'Aïeul......... Épreuves avec lettre sur blanc. 9	id........	id........	50	68	id.
34	*A.* Après déjeuner................. Épreuves avec lettre sur blanc. 15	id........	id........	50	68	id.
	B. Dans le Parc.................... Épreuves avec lettre sur blanc. 13	id........	id........	50	68	id.
35	La Fête de la Grand'Mère............ Épreuves avec lettre sur blanc. 21	Lenfant de Metz	Annedouche..	50	68	id.
36	*A.* Départ pour la Maison............	F. Grenier....	A. Ledoux....	47	64	id.
	B. Retour des Champs...............	id........	id........	47	64	id.
37	*A.* Calypso et Télémaque (Réduction). Épreuves avec lettre sur blanc. 9	H. Schopin...	V. Rollet.....	41	67	id.
	B. Eucharis et Télémaque (Réduction). Épreuves avec lettre sur blanc. 7	id........	id........	41	67	id.
38	*A.* Florence au xve siècle (Réduction). Épreuves avec lettre sur blanc. 1	A. Gendron...	Lemoine......	42	61	id.
	B. Venise (Réduction)...............	id........	id........	42	61	id.
38 bis	*A.* Naples au xive siècle (Réduction)... Épreuves avec lettre sur blanc. 6	id........	A. Ledoux....	42	61	id.
	B. Rome au xvie siècle (Réduction)....	id........	id........	42	61	id.
39	*A.* Château de Cartes................ Épreuves avec lettre sur Chine. 1 Épreuves avec lettre sur blanc. 6	E. Adan......	P. Allais......	41	57	id.
	B. Compliment.................... Épreuves avec lettre sur Chine. 1	id........	id........	41	57	id.
40	*A.* La Jeunesse de Lantara........... Épreuves avec lettre sur blanc. 4	Faustin Besson	Jazet.........	45	72	id.
	B. Boucher et Rosine............... Épreuves avec lettre sur blanc. 8	id........	id........	45	72	id.
41	*A.* Jeunesse de Florian.............. Épreuves avant lettre sur blanc. 13 Épreuves avec lettre sur blanc. 4	id........	id........	45	72	id.
	B. Vadé et les Dames de la Halle..... Épreuves avant lettre sur blanc. 9 Épreuves avec lettre sur blanc. 7	id........	id........	45	72	id.

NUMÉROS	TITRES	PEINTRES	GRAVEURS	DIMENSIONS		MÉTAL
				HAUTEUR	LARGEUR	

GRAVURES MANIÈRE NOIRE (SUITE)

NUMÉROS	TITRES	PEINTRES	GRAVEURS	HAUTEUR	LARGEUR	MÉTAL
42	*A.* Gentil-Bernard lisant son poëme, *l'Art d'aimer* .... Épreuves avec lettre sur blanc. 3	Faustin Besson	Jazet	45	72	Acier.
	B Gresset composant son poëme *Vert-Vert* .... Épreuves avec lettre sur blanc. 6	id	id	45	72	id.
43	*A.* L'Age d'or...................... Épreuves avec lettre sur blanc. 4	H Schopin...	id	36	61	id.
	B. Le Paradis de Mahomet........... Épreuves avec lettre sur blanc. 4	id	id	36	61	id.
44	*A.* Cléopàtre, reine d'Égypte...........	id	id	36	61	id.
	B. Bûcher de Sardanapale........... Épreuves avec lettre sur blanc. 6	id	id	36	61	id.
45	*A.* Le Bonheur de la famille...........	Hunin........	A. Cornillet ..	37	54	id.
	B. L'Explication de la Bible.......... Épreuves avec lettre sur blanc. 3	id	id	37	54	id.
46	*A.* La Demande en mariage........... Épreuves avec lettre sur blanc. 9	H. Merle	Annedouche ..	37	54	id.
	B. La Visite des grands-parents	id	id	37	54	id.
47	*A.* Le Livre illustré (sujet ovale)....... Épreuves avant la lettre sur Chine .... 35 Épreuves avant la lettre sur blanc. .... 4 Épreuves avec lettre sur Chine. 8 Épreuves avec lettre sur blanc. 11	H. Holfeld ...	Jouannin	40	48	id.
	B. Le Livre d'Étude (sujet ovale)...... Épreuves avant la lettre sur Chine..................... 35 Épreuves avant la lettre sur blanc................... 5 Épreuves avec lettre sur Chine. 5 Épreuves avec lettre sur blanc. 2	id	id	40	48	id.
48	*A.* Louis XIII et Richelieu........... Épreuves avec lettre sur blanc. 6	Jacquand	Rollet	45	62	id.
	B. Marie de Médicis .... Épreuves avec lettre sur blanc. 5	id	id	45	62	id.
	C. La Maréchale d'Ancre .... Épreuves avec lettre sur blanc. 4	id	id	45	62	id.
	D. Anne d'Autriche................ Épreuves avec lettre sur blanc. 7	id	id	45	62	id.

NUMÉROS	TITRES	PEINTRES	GRAVEURS	DIMENSIONS		MÉTAL
				HAUTEUR	LARGEUR	
	GRAVURES MANIÈRE NOIRE (SUITE					
49	*A.* Gaston dit l'Ange de Foix..........	Jacquand.....	Rollet........	42	54	Acier.
	Épreuves avec lettre sur blanc. 7					
	B. Louis XI à Amboise.............	id........	id........	42	54	id.
	Épreuves avec lettre sur blanc. 4					
50	*A.* Adieux de Geneviève de Brabant...	Schopin......	Jazet........	54	69	id.
	Épreuves avec lettre sur blanc. 3					
	B. Geneviève de Brabant abandonnée.	id........	id........	54	69	id.
	Épreuves avec lettre sur blanc. 2					
	C. Geneviève de Brabant retrouvée....	id........	id........	54	69	id.
	Épreuves avec lettre sur blanc. 12					
	D. Retour de Geneviève à son castel...	id........	id........	54	69	id.
	Épreuves avec lettre sur blanc.. 7					
51	*A.* Le Départ, courses en char.........	id........	id........	59	80	id.
	Épreuves avec lettre sur blanc.. 4					
	B. Le Triomphe, courses en char......	id........	id........	59	80	id.
	Épreuves avec lettre sur blanc. 7					
52	*A.* Le Combat, *Épisodes de la vie d'un navire*................................	Morel Fatio..	id........	45	61	id.
	Épreuves avec lettre sur blanc. 1					
	B. Le Naufrage, *Épisodes de la vie d'un navire*..............................	id........	id........	45	61	id.
	Épreuves avec lettre sur blanc. 6					
	C. Les Glaces, *Épisodes de la vie d'un navire*..............................	id........	id........	45	61	id.
	Épreuves avec lettre sur blanc. 4					
	D. L'Incendie, *Épisodes de la vie d'un navire*..............................	id........	id........	45	61	id.
	Épreuves avec lettre sur blanc. 7					
53	*A.* Bethsabée.......................	Schopin......	Garnier	41	51	id.
	B. Suzanne........................	id........	id........	41	51	id.
54	*A.* Bivouac de l'Armée Vendéenne (1793)	De Latouche.	A. Jazet......	35	50	id.
	Épreuves avec lettre sur blanc. 8					
	B. La Messe dans les Bois (1794)......	id........	id........	35	50	id.
	Épreuves avec lettre sur blanc. 4					
55	Mazeppa aux Chevaux (Réduction)	H. Vernet....	Sixdeniers....	43	58	id.
56	Les Carpes (Château de Fontainebleau)	P.-C. Comte..	J. Ballin......	57	42	id.
	Épreuves avant la lettre sur Chine.................... 75					
	Épreuves avec lettre sur Chine. 12					

NUMÉROS	TITRES	PEINTRES	GRAVEURS	DIMENSIONS		MÉTAL
				HAUTEUR	LARGEUR	

GRAVURES MANIÉRE NOIRE (suite)

NUMÉROS	TITRES	PEINTRES	GRAVEURS	HAUTEUR	LARGEUR	MÉTAL
57	The old arm chair (Le vieux fauteuil). Épreuves avant la lettre sur Chine .... 4 Épreuves avec lettre sur Chine. 24 Épreuves avec lettre sur blanc. 32	C. Baugniet ..	A. Ledoux ...	57	43	Acier.
58	A. Câlinerie .... Épreuves avec lettre sur blanc. 25	Züber-Bühler.	id	56	43	id.
	B. Amour maternel .... Épreuves avec lettre sur blanc. 32	id	id	56	43	id.
59	A. Le premier Pas .... Épreuves avec lettre sur blanc.	C. Brochart ..	Jouanin	58	45	id.
	B. La première Prière .... Épreuves avec lettre sur blanc.	id	id	58	45	id.
60	A. Au nom du Père .... Épreuves avec lettre sur blanc. 1	H. Holfeld ...	id	42	29	id.
	B. Je crois en Dieu .... Épreuves avec lettre sur blanc. 6	id	id	42	29	id.
61	A. Edouard en Ecosse (Histoire d'Angleterre)	P. Delaroche.	Sixdeniers....	46	38	id.
	B. Charles 1er et ses Enfants (Histoire d'Angleterre)	id	id	46	38	id.
62	A. Françoise de Rimini	Decaisne	Rollet	59	46	id.
	B. Faust et Marguerite	id	id	59	46	id.
63	A. Les Cadeaux du Départ .... Épreuves avec lettre sur blanc. 6	Verheyden ...	Cornillet	53	43	id.
	B. Le Retour du Fiancé .... Épreuves avec lettre sur blanc. 6	id	id	53	43	id.
64	A. La Séduction	André	Garnier	52	40	id.
	B. L'Abandon	O. Guet	id	52	40	id.
65	A. Edouard en Ecosse (Réduction)....	P. Delaroche .	Sixdeniers	30	24	id.
	B. Charles 1er et ses Enfants (Réduction)	Colin	Rollet	30	24	id.
66	A. Françoise de Rimini (Réduction) ...	Decaisne	id	30	24	id.
	B. Faust et Marguerite (Réduction) ... Épreuves avec lettre sur blanc. 18	id	id	30	24	id.
67	A. La Reine de Saba vient trouver Salomon .... Épreuves avant la lettre sur blanc .... 11 Épreuves avec lettre sur blanc. 2	Schopin	Gautier	58	96	id.
	B. David revient vainqueur de Goliath. Épreuves avant la lettre sur blanc 17	id	id	58	96	id.

NUMÉROS	TITRES	PEINTRES	GRAVEURS	DIMENSIONS HAUTEUR	DIMENSIONS LARGEUR	MÉTAL
	GRAVURES MANIÈRE NOIRE (suite)					
68	*A.* Moïse sauve Israël. . . . . Épreuves avec lettre sur blanc. 6	Schopin	Gautier.	58	96	Acier.
	B. Jacob vient retrouver son Fils en Égypte . . . . Épreuves avec lettre sur blanc. 12	id	id	58	96	id
69	*A.* Noé après le Déluge. . . . . Épreuves avec lettre sur blanc. 15	id	P. Allais.	52	82	id.
	B. Daniel devant Balthasar. . . . . Épreuves avec lettre sur blanc. 18	id	id	52	82	id.
70	*A.* Rebecca et Eliézer. . . . . Épreuves avant la lettre sur blanc. . . . . 6 Épreuves avec lettre sur blanc. 6	id	Rollet.	57	80	id.
	B. Eliézer chez Bathuel. . . . . Épreuves avant la lettre sur 4 Épreuves avec lettre sur blanc. 11	id	id	57	80	id.
71	*A.* Joseph vendu par ses frères. . . . . Épreuves avant la lettre sur blanc. . . . . 4 Épreuves avec lettre sur blanc. 6	id	Rollet.	57	80	id.
	B. Désespoir de Jacob. . . . . Épreuves avant la lettre sur blanc. . . . . 6 Épreuves avec lettre sur blanc. 4	id	id	57	80	id.
72	*A.* Le Denier de la veuve . . . . Épreuves avant la lettre sur blanc. . . . . 14 Épreuves avec lettre sur blanc. 5	Barrias.	id	58	80	id.
	B. Jésus et les petits Enfants . . . . Épreuves avec lettre sur blanc. 5	id	id.	58	80	id.
	C. Jésus au milieu des Docteurs. . . . . . . Épreuves avant la lettre sur blanc. . . . . 15 Épreuves avec lettre sur blanc. 16	id	id	58	80	id.
	D. Madeleine aux pieds de Jésus . . . . . . Épreuves avec lettre sur blanc. 34	id	id	58	80	id.
73	*A.* La Reine de Saba vient trouver Salomon. (Réduction) . . . . Épreuves avec lettre sur blanc. 12	Schopin	Gautier.	40	64	id.
	B. David revient vainqueur de Goliath. (Réduction). . . . . Épreuves avec lettre sur blanc. 4	id	id	40	64	id.

NUMÉROS	TITRES	PEINTRES	GRAVEURS	DIMENSIONS		MÉTAL
				HAUTEUR	LARGEUR	

GRAVURES MANIÈRE NOIRE (suite)

NUMÉROS	TITRES	PEINTRES	GRAVEURS	HAUTEUR	LARGEUR	MÉTAL
74	A. Toilette de Judith	Schopin	Jazet	52	67	Acier.
	Épreuves avec lettre sur blanc. 4					
	B. David et Saül	id	id	52	67	id.
	Épreuves avant la lettre sur blanc. 5					
	Épreuves avec lettre sur blanc. 4					
75	A. David dans le camp de Saül	id	Manigaud	52	67	id.
	Épreuves avec lettre sur blanc. 8					
	B. Samson et Dalila	id	id	52	67	id.
	Épreuves avant la lettre sur blanc. 3					
	Épreuves avec lettre sur blanc. 1					
76	A. Rebecca et Eliézer	Leloir	id	48	65	id.
	Épreuves avec lettre sur blanc. 2					
	B. Mariage de Ruth et de Booz	id	id	48	65	id.
	Épreuves avec lettre sur blanc. 2					
77	A. Rebecca et Eliézer (Réduction)	Schopin	Rollet	41	58	id.
	Épreuves avec lettre sur blanc. 4					
	B. Eliézer chez Bathuel (Réduction)	id	id	41	58	idi
	Épreuves avec lettre sur blanc. 4					
78	A. Premier hommage à Jésus	Lenfant de Metz	Manigaud	50	40	id.
	Épreuves avec lettre sur blanc. 14					
	B. Premier hommage à Marie	id	id	50	40	id.
79	Saint Vincent de Paul	Schopin	Rollet	51	37	id.
80	Portrait de Napoléon le Grand	C. Bourgeois	Noël Bertrand	61	50	Cuivre.
81	Mort de Poniatowsky	H. Vernet	Debucourt	58	78	id.
82	Bataille de Somo Sierra	id	id	58	78	id.
83	Mort de Priam	Sans nom	Sans nom	67	98	id.
84	Priam supplie Achille	id	id	67	98	id.
85	Judith sauve ses concitoyens	id	id	67	98	id.
86	Rome sauvée par Véturie	id	id	67	98	id.
87	Funérailles de César	id	id	67	98	id.
88	Jacob reçoit la robe	id	id	67	98	id.
89	A. Position critique	Brochart	Cottin	58	43	Acier.
	Épreuves avec lettre sur blanc. 3					
	B. Vœu accompli	id	id	58	43	id.
	Épreuves avec lettre sur blanc. 5					

GRAVURES MANIÈRE NOIRE suite.

NUMÉROS	TITRES	PEINTRES	GRAVEURS	HAUTEUR	LARGEUR	MÉTAL
90	A. Enfance de Grétry................. Épreuves avant la lettre sur blanc.................... 11	Faustin Besson	Jazet.........	50	80	Acier.
	B. Jeunesse de Callot................. Épreuves avant la lettre sur blanc.................... 4	id.........	id.........	50	80	id.
91	Napoléon III en pied, costume impérial.	Jazet.........	id.......	58	42	id.
92	Retour de la chasse au Lion...........	Horace Vernet	id	51	51	id.
93	A. Première douleur.......	Toulmouche..	Leprix...	44	34	id.
	Épreuves avec lettre sur blanc. 7					
	B. Sommeil de Bébé..............	id.........	id.........	44	34	id.
	Épreuves avec lettre sur blanc. 7					
94	A. Hamilton	Landseer	Rollet	43	45	id.
	B. Lady Evelin	id.........	id.........	56	45	id.
95	A. Mort de Lara	Lecomte......	Sixdeniers	38	55	id.
	B. Mort de Foscari................	id.........	id.........	38	55	id.
96	A. Complaisance...................	Frauquelin ...	R. et A. Rollet	47	38	id.
	B. Jalousie.........................	id.........	id.........	47	38	id.
97	A. Don Juan et la Comédienne........	H. Lecomte...	Sixdeniers	38	55	id.
	B Séparation de Don Juan et d'Habée.	id.........	id.........	38	55	id.
98	A. Conrad enlève Gulnar du Harem...	id.........	id.........	38	55	id
	B. Adieux de Conrad à Médora.......	id.........	id.........	38	55	id.
99	Trait de courage...................	id.........	Jazet.........	31	41	id.
100	A. Histoire de Charles-Quint.........	Aubry........	Coupe........	35	46	Cuivre.
	B. Histoire de Charles-Quint.........	id.........	id.........	35	46	id.
	C. Histoire de Charles-Quint.........	id.........	id.........	35	46	id.
	D. Histoire de Charles-Quint.........	id.........	id.........	35	46	id.
	E. Histoire de Charles-Quint.........	id.........	id.........	35	46	id.
	F. Histoire de Charle-sQuint.........	id.........	id.........	35	46	id.
101	A. Pirates Algériens	H. Lecomte ..	Jazet.........	31	41	Acier.
	B. Bazar d'Esclaves	id.........	id.........	31	41	id.
	C. Arabes pillant...................	id.........	id.........	31	41	id.
102	A. M'aimera-t-il...................	O. Guet	Garnier........	37	28	id.
	B. Fidélité	R. Fleury.....	id........	34	28	id.
	C. Domino.......................	O. Guet	Girard........	37	28	id.

NUMÉROS	TITRES	PEINTRES	GRAVEURS	DIMENSIONS		MÉTAL
				HAUTEUR	LARGEUR	

GRAVURES MANIÈRE NOIRE (suite)

NUMÉROS	TITRES	PEINTRES	GRAVEURS	HAUTEUR	LARGEUR	MÉTAL
103	*A.* L'avalanche	H. Lecomte	Jazet	31	41	Acier.
	B. Marée montante	id	id	31	41	id.
104	*A.* Bukharest	Jules Rigo	id	36	50	id.
	B. Olténitza	id	id	36	50	id.
105	L'Age d'Or	Bouguereau	Annedouche	35	29	id.
106	*A.* Fadette	André	Girard	43	33	id.
	B. Fatmée	O. Guet	id	43	33	id.
	C. Rosita	Jules Laure	Garnier	43	33	id.
	D. Georgette	André	id	47	32	id.
	E. Doux Souvenirs	Jesquin	id	43	33	id.
	F. Francesca	O. Guet	Garnier	43	33	id.
107	*A.* Chien limier	Heyrauld	Rollet	34	46	id.
	B. Chien courant	id	id	34	46	id.
108	Don François d'Assises (roi d'Espagne)	Madrazo	Garnier	44	33	id.
109	Napoléon 1er après sa mort	Sans nom	Sans nom	24	20	Cuivre.
110	Cahiers d'Ecriture (8 planches)	id	Douchier	»	»	Cuivre 8 k. env.
111	Scène Florentine. Deux jeunes Filles chantant	Sans lettre	Lemoine	49	67	Acier.
112	Quatre Planches. Natures mortes non terminées	id	id	48	65	id.
113	Dévouement de Lady Catherine Douglas	Potin	E. Jazet	66	88	id.

GRAVURES A L'EAU-FORTE

NUMÉROS	TITRES	PEINTRES	GRAVEURS	HAUTEUR	LARGEUR	MÉTAL
114	Le Philosophe	Rembrandt	Ch. Waltener	53	43	Cuivre.
	Épreuves de remarque sur parchemin ... 58					
	Épreuves d'Artiste sur parchemin ... 142					
	Épreuves d'Artiste sur Japon. 20					
	Épreuves avec lettre sur Chine 5					
	Épreuves avec lettre sur Hollande ... 18					
115	Le Chasseur	Hermann (Léon)	Ch. Waltener	49	34	id.
	Épreuves d'Artiste sur parchemin ... 21					
	Épreuves d'Artiste sur Japon.. 97					
	Épreuves avant lettre sur Chine 73					
	Épreuves avec lettre sur Chine 9					
	Épreuves avec lettre sur Hollande ... 4					

GRAVURES A L'EAU-FORTE (suite)

NUMÉROS	TITRES	PEINTRES	GRAVEURS	DIMENSIONS		MÉTAL
				HAUTEUR	LARGEUR	
116	Les Accordailles	H. Mosler	L. Flameng	36	49	Cuivre.
	Épreuves d'Artiste sur Japon. 168					
	Épreuves avant lettre sur Chine 85					
	Épreuves avec lettre sur Chine 4					
	Épreuves avec lettre sur Hollande 4					
	Épreuves avec lettre sur blanc. 15					
117	L'Étoile du Berger	Hermann Léon	Ch. Courtry	31	48	id.
	Éreuves de remarque sur parchemin 16					
	Épreuves d'Artiste sur Japon. 52					
	Épreuves avec lettre sur Chine 22					
	Épreuves avec lettre sur Hollande 21					
118	A. La Leçon d'Anatomie	Rembrandt	L. Flameng	28	38	id.
	Épreuves de remarque sur Japon 6					
	Épreuves d'Artiste sur Japon. 10					
	Épreuves avant lettre sur Japon 26					
	Épreuves avant lettre sur Hollande 4					
	Épreuves avec lettre sur Chine 1					
	B. Les Syndics	id	id	28	38	id.
	Épreuves de remarque sur Japon 4					
	Épreuves d'Artiste sur Japon. 11					
	Épreuves avant lettre sur Japon 20					
	Épreuves avec lettre sur Chine 25					
	Le Journal illustré	De Becker	J. Torné	25	20	id.
	Épreuves d'Artiste sur parchemin 27					
	Épreuves avec lettre sur Japon 31					
	Épreuves avec lettre sur Chine 15					
120	Modèles d'écriture (13 Planches)	id	id	"	"	id.
121	L'Entomologiste	id	id	60	45	Cuivre (5 k^os)
	Entomologiste.					
	Épreuves Fac-Similé d'aquarelle 25					
	1 Lot de Passe-partout 63					